BEI GRIN MACHT SICH IHR WISSEN BEZAHLT

- Wir veröffentlichen Ihre Hausarbeit, Bachelor- und Masterarbeit

- Ihr eigenes eBook und Buch - weltweit in allen wichtigen Shops

- Verdienen Sie an jedem Verkauf

Jetzt bei www.GRIN.com hochladen und kostenlos publizieren

Bibliografische Information der Deutschen Nationalbibliothek:

Die Deutsche Bibliothek verzeichnet diese Publikation in der Deutschen Nationalbibliografie; detaillierte bibliografische Daten sind im Internet über http://dnb.d-nb.de/ abrufbar.

Dieses Werk sowie alle darin enthaltenen einzelnen Beiträge und Abbildungen sind urheberrechtlich geschützt. Jede Verwertung, die nicht ausdrücklich vom Urheberrechtsschutz zugelassen ist, bedarf der vorherigen Zustimmung des Verlages. Das gilt insbesondere für Vervielfältigungen, Bearbeitungen, Übersetzungen, Mikroverfilmungen, Auswertungen durch Datenbanken und für die Einspeicherung und Verarbeitung in elektronische Systeme. Alle Rechte, auch die des auszugsweisen Nachdrucks, der fotomechanischen Wiedergabe (einschließlich Mikrokopie) sowie der Auswertung durch Datenbanken oder ähnliche Einrichtungen, vorbehalten.

Impressum:

Copyright © 2009 GRIN Verlag, Open Publishing GmbH
Druck und Bindung: Books on Demand GmbH, Norderstedt Germany
ISBN: 9783640532520

Dieses Buch bei GRIN:

http://www.grin.com/de/e-book/141482/pads-tauschen-an-klick-und-schraubsystem-unterweisung-augenoptiker

Florian Metzel

Pads tauschen an Klick- und Schraubsystem (Unterweisung Augenoptiker / -in)

GRIN - Your knowledge has value

Der GRIN Verlag publiziert seit 1998 wissenschaftliche Arbeiten von Studenten, Hochschullehrern und anderen Akademikern als eBook und gedrucktes Buch. Die Verlagswebsite www.grin.com ist die ideale Plattform zur Veröffentlichung von Hausarbeiten, Abschlussarbeiten, wissenschaftlichen Aufsätzen, Dissertationen und Fachbüchern.

Besuchen Sie uns im Internet:

http://www.grin.com/

http://www.facebook.com/grincom

http://www.twitter.com/grin_com

Unterweisungsentwurf zur praktischen Prüfung

Pads tauschen an Klick- oder Schraubsystem

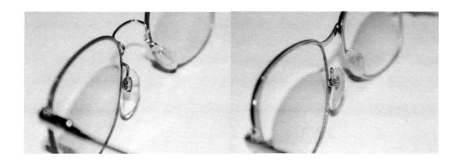

Autor: Florian Metzel
am 04. Dezember 2009

Unterweisungsentwurf zur praktischen Prüfung

Handwerkskammer der dieser Entwurf vorgelegt wird:	Handwerkskammer für Oberfranken
Name und Anschrift des Prüfungsteilnehmers:	Herrn Florian Metzel
Tag der praktischen Prüfung:	04. Dezember 2009
Thema der Unterweisung:	Pads tauschen an Klick- oder Schraubsystem
Lernort im Ausbildungsbetrieb:	Werkstatt
Ausbildungsberuf:	Augenoptiker
Zahl der Auszubildenden die unterwiesen werden:	1 Auszubildender
Die Auszubildende befindet sich:	am Anfang des 2. Ausbildungsjahres
Das Unterweisungsthema ist in der gültigen Ausbildungsordnung genannt bei:	§ 3 Nr. 15 Abs. b): Fassungsteile unter Berücksichtigung der Werkstoffe und unter Anwendung verschiedener Fertigungsverfahren fertigen, reparieren und austauschen
Dauer der Unterweisung:	Ca. 35 bis 45 Minuten inklusive der ersten Übungseinheit
Verwendete Ausbildungsmittel:	1 Übungsbrille mit Klicksystem, 1 Übungsbrille mit Schraubsystem, 2 Klickpads, 2 Schraubpads, 1 Schraubendreher, 1 Pad Ausklickpinzette, 1 Padbiegezange 1 Pinzette

Erklärung des Prüfungsteilnehmers:

Dieser Unterweisungsentwurf umfasst 11 Seiten.
Ich erkläre, dass ich diesen Unterweisungsentwurf selbstständig erstellt habe.
Alle Fotos wurden von mir selbst erstellt und unterliegen meinen Urheberrechten,
Weitergabe oder Vervielfältigung nur in Rücksprache mit dem Autor.

Bayreuth, 03. Dezember 2009
Autor: Florian Metzel

Inhaltsverzeichnis

1. Lernziel	4
a) Psychomotorisch	4
b) Kognitiv	4
c) Affektiv	4
2. Ausgangssituation und Vorwissen	4
a) Beschreibung des Auszubildenden	4
b) Ausbildungsjahr und Einordnung der Unterweisung	4
c) Vorwissen und weiterer Ausbildungsverlauf	4
3. Sozialform	5
4. Lernort	5
5. Unterweisungsmethode	5
a) Zeitplanung	5
b) Vier-Stufen-Methode	5
I. Stufe: Vorbereiten	5
II. Stufe: Vormachen und Erklären	5
III. Stufe: Nachmachen und mit einen Worten erklären lassen	6
IV. Stufe: Üben und Festigen	6
6. Ausbildungsmittel	6
7. Motivation	6
8. Lernhilfen	6
9. Übungsmöglichkeiten	6
10. Unfallverhütungsvorschriften	7
11. Arbeitszergliederung	7
12. Anhang	9
a) Bilder von Werkzeugen	9
b) Bilder von Brillen mit Klick- oder Schraubsystemen	10
c) Bilder von Klickpads oder Schraubpads	11

Unterweisungsentwurf

Thema: Pads tauschen an Klick- oder Schraubsystem

1. Lernziel

Das Lernziel ist erreicht, wenn die Auszubildende nach der Unterweisung, in einer angemessenen Zeit, Pads bei Kundenbrillen fachgerecht austauschen kann.
Dies erfordert unteranderem folgendes:

a) Psychomotorisch

Die Auszubildende beherrscht alle Handgriffe, die für das Tauschen der Pads erforderlich sind. Und verfügt, darüber hinaus über ausreichend Fingerspitzengefühl und feinmotorisches Geschick.

b) Kognitiv

Die Auszubildende muss das erforderliche Wissen, über das Tauschen von Pads erlernen und verstanden haben. Sie soll auf Nachfragen erklären können, warum diese Arbeitsschritte so und nicht anders ausgeführt werden müssen.

c) Affektiv

Sie besitzt die Bereitschaft zum pfleglichen Umgang mit Werkzeugen und Werkstoffen, insbesondere mit Kundenbrillen.
Dabei muss die Auszubildende bereit sein, aufmerksam, engagiert und konzentriert zu arbeiten, sowie die Unfallverhütungsvorschriften beachten und einhalten.

2. Ausgangssituation und Vorwissen

a) Beschreibung des Auszubildenden

Bei der Auszubildenden handelt es sich um eine Realschülerin mit mittlerem Bildungsabschluss und guten Schulnoten. In Ihrer Freizeit beschäftigt sie sich autodidaktisch mit der Instandsetzung von technischen Geräten. Hierbei erwarb sie sich feinmechanisches Handwerksgeschick.
Während eines einwöchigen Betriebspraktikums in meinem Geschäft zeigte sie ein besonderes Berufs- und Betriebsinteresse. Nachdem sie Ihre handwerklichen Fähigkeiten unter Beweis stellte, zeigte sich, dass sie für den Beruf des Augenoptikers gut geeignet ist.
Weiterhin geht sie in ihrer Freizeit dem Hobby Segelfliegen nach.

b) Ausbildungsjahr und Einordnung der Unterweisung

Die Auszubildende befindet sich am Anfang des 2. Ausbildungsjahres zur Augenoptikerin. Das Lernziel findet sich in § 3 Nr. 15 Abs. b): „Fassungsteile unter Berücksichtigung der Werkstoffe und unter Anwendung verschiedener Fertigungsverfahren fertigen, reparieren und austauschen"

c) Vorwissen und weiterer Ausbildungsverlauf

Sie muss die Arten und Beschaffenheiten der verschiedenen Pads kennen, den Umgang mit dem Schraubendreher und anderem Werkzeug beherrschen. In vorangegangenen

Unterweisungen wurde sie auf die Unfallverhütungsvorschriften aufmerksam gemacht. Sie wird nach dieser Unterweisung Pads an Kundenbrillen austauschen dürfen.

3. Sozialform

Die Unterweisung findet als Einzelunterweisung statt, da die notwendigen filigranen Arbeitsschritte, beim Pads wechseln, sehr genau beobachtet werden müssen. Die Auszubildende kann besser den Arbeitsschritten folgen. Beim Vormachen wechsle ich den einen Pad, sie muss dann den anderen Pad wechseln. Somit erfolgen die gleichen Arbeitsschritte bei der Auszubildenden spiegelverkehrt.
Bei dieser Unterweisungsform werden mögliche Unfälle sofort vermieden.

4. Lernort

Die Unterweisung findet in der Werkstatt an der Werkbank statt.
Hier kann ohne Störung und ohne übermäßigen Zeitdruck unterwiesen werden. Außerdem ist die Nervosität in dem geschützten Bereich der Werkstatt geringer, als vor kritischen Kundenaugen. Dies reduziert außerdem die Verletzungsgefahr.

5. Unterweisungsmethode

a) Zeitplanung

Die Unterweisung wird am Mittwoch um 9:30 Uhr durchgeführt. Dies geschieht unter der Berücksichtigung der Tages- und Wochen-Leistungskurve, sowie unter Berücksichtigung der Öffnungszeiten meines Geschäfts.
Für die gesamte Unterweisung inklusive der ersten Übungseinheit wird eine Zeit von ca. 35 bis 45 Minuten eingeplant.

b) Vier-Stufen-Methode

I. Stufe: Vorbereiten

Ich bereite mich selbst fachlich und gedanklich vor. Und richte alle notwendigen Werkzeuge her. Ich begrüße meine Auszubildende und nenne ihr das Lernziel: „Pads tauschen an Klick- oder Schraubsystem". Des Weiteren stelle ich ihre Vorkenntnisse fest und erweitere diese falls nötig. Vorkenntnisse über Werkzeuge und Pads sind hier von Nöten.
Aus dem Berichtsheft weiß ich, dass in der Schule die einzelnen Pad-Arten besprochen wurden. Ich frage die Kenntnisse ab und ergänze diese, wenn es erforderlich sein sollte.
In einem Einstiegs-Gespräch versuche ich die Auszubildende zu motivieren.

II. Stufe: Vormachen und Erklären

Wir werden uns beide hinsetzen und ich zeige ein paar Übungsbrillen.
Dann gehe ich gemäß meiner Arbeitszergliederung langsam, Schritt für Schritt, die einzelnen Punkte durch. Beim Vormachen und gleichzeitig erklären, begründen ich meine Vorgehensweise.
Durch Kontrollfragen stelle ich fest, ob die Auszubildende den Arbeitsschritt verstanden hat und gehe dann erst weiter.
Auf die richtige Handhabung mit dem Schraubendreher, aufgrund der Unfallverhütungsvorschriften, werde ich hinweisen.
Meine Arbeitszergliederung ist in zwei Teil-Lern-Schritte aufgeteilt, damit ich ein besseres Verständnis für die Aufgabe erzielen kann.

III. Stufe: Nachmachen und mit einen Worten erklären lassen

Ich lasse den Arbeitsgang von meiner Auszubildende selbstständig nachmachen und mit eigenen Worten erklären. Nur wenn unbedingt nötig greife ich ein und gebe maßvolle Hilfestellung.
Am Ende beider Lernschritt bitte ich um eine Zusammenfassung von meiner Auszubildenden. Bei erfolgreichem Austausch der Pads bekunde ich meine Anerkennung durch Lob.

IV. Stufe: Üben und Festigen

Ich gebe der Auszubildenden genügend Zeit zum Üben. Sie soll ab sofort in der Werkstatt an Übungsbrillen diese Arbeitsschritte selbstständig durchführen.
Den Erfolg werde ich selber regelmäßig kontrollieren und nach ein paar Tagen mit einem Lehrgespräch abschließen.
Sobald die nötige Endqualifikation erreicht ist, darf sie an Kundenbrille das Austauschen von Pads vornehmen.
Der Auszubildenden werden Fachkräfte genannt, die beim Üben helfen können.
Die Unterweisung wird mit dem Hinweis auf das nächste Unterweisungsthema: „Richten eines Metallbügels" beendet.

6. Ausbildungsmittel

1 Übungsbrille mit Klicksystem, 1 Übungsbrille mit Schraubsystem, 2 Klickpads, 2 Schraubpads, 1 Schraubendrehe, 1 Pad Ausklickpinzette, 1 Padbiegezange, 1 Pinzette

7. Motivation

Am Beginn der Unterweisung wird meine Auszubildende an ein Gespräch erinnert, bei dem sie mir erzählt hat, dass die Pads der Brillen ihrer Eltern nicht mehr ästhetisch schön sind. Die Ursache dafür ist, das Pads Verschleißteile sind, die regelmäßig ausgetauscht werden sollten.
Ich versichere Ihr, dass sie nach erfolgter Unterweisung, selbst in der Lage sein wird diese Arbeit selbstständig durchzuführen.
Sie darf dieses dann, nach erfolgreichem Üben, bei allen Kundenbrillen durchführen.

8. Lernhilfen

Zur Anschauung zeige ich Ihr ein paar Übungsbrillen die mit Pads versehen sind. Außerdem sage ich ihr, dass sie sich bei Fragen oder Problemen immer an Fachpersonal wenden soll. Weiterhin gebe ich ihr den Tipp, sich noch weitere Informationen aus der Fachliteratur zu holen.

9. Übungsmöglichkeiten

In der ersten Übungsphase wird meine Auszubildende mit dem fachgerechten Tauschen von Pads an Übungsbrillen beauftragt.
Sie soll dabei besonders den Umgang mit dem dafür notwendigem Werkzeug üben, um schneller und sicherer in der Handhabung zu werden.
Weiteres Üben erfolgt dann an Kundenbrillen in der Werkstatt.
Der Letzte Schritt ist dann das Tauschen von Pads an Kundenbrillen vor den Augen des Kunden, unter Aufsicht von helfenden Gesellen.

10. Unfallverhütungsvorschriften

Die Auszubildende wird auf folgende, für diese Unterweisung wichtige Unfallverhütungsvorschriften aufmerksam gemacht:

Mit dem Schraubendreher muss man besonders vorsichtig und sorgsam umgehen um:
1. sich nicht selbst zu verletzen
2. die Brille des Kunden nicht zu beschädigen

11. Arbeitszergliederung

Lernschritt Was?	Kernpunkte Wie?	Begründung Warum?
1. Arbeitsplatz vorbereiten	Benötigtes Werkzeug und Richtige Pads zurechtlegen.	Für eine schnelle und konzentrierte Vorgehensweise notwendig.
Beginn der Teil-Lern-Schritte		
Teil-Lern-Schritt 1		
2. Aussuchen der passenden Pads	Für Klicksysteme gibt es ganz spezielle Pads. Diese sind an einem Zapfen auf der Pad Rückseite zu erkennen, welcher eine Rechteckige Form hat.	Andere Pads können nicht eingebaut und fixiert werden.
3. Richtiges Werkzeug wählen	Bei einem Klicksystem benötigt man die Ausklinkpinzette und eine Padbiegezange.	Ohne dieses Werkzeug besteht die Gefahr, dass die Kundenbrille beschädigt wird. Mit diesem Werkzeug kann man geschickter Vorgehen.
4. Ausbau der alten Pads	Mit der Ausklinkpinzette wird das alte Pad ausgebaut. Die Ausklinkpinzette wird zwischen Pad Rückseite und Padhalter angesetzt. Mit viel Gefühl wird das alte Pad aus der Halterung heraus gedrückt.	Für den Einbau eines neuen Pad muss das alte entfernt werden.

5.	Einbau der neuen Pads	Das neue Pad wird angesetzt und mit der Padbiegezange gefühlvoll in die Padhalterung hineingedrückt.	Ohne die Padbiegezange kann die notwendige Kraft für das Einsetzen nicht aufgebracht werden.
		Teil-Lern-Schritt 2	
6.	Aussuchen der passenden Pads	Für Schraubsysteme gibt es ganz spezielle Pads, diese haben auf der Rückseite einen Zapfen mit Loch. Der Zapfen hat eine rundliche Form.	Andere Pads können nicht eingebaut und fixiert werden.
7.	Richtiges Werkzeug wählen	Bei einem Schraubsystem braucht man einen Schraubendreher in der passenden Größe und mit entsprechender Schraubendreherklinge.	Bei der falschen Wahl kann man vom Schraubenkopf abrutschen und sich verletzen oder die Kundenbrille beschädigen. **Vorsicht Unfallgefahr!**
8.	Ausbau der alten Pads	Mit dem Schraubendreher wird die Fixierschraube mit 3 bis 5 Linksumdrehungen herausgedreht und mit einer Pinzette entnommen.	Ohne lösen und entnehmen der Schraube ist ein Austausch des Pads nicht möglich. Die Schraube ist sehr klein und sollte nicht verloren gehen.
9.	Einbau der neuen Pads	Neues Pad einsetzen und mit der vorhanden Fixierschraube mit 3 bis 5 Rechtsumdrehungen festdrehen, bis die Fixierschraube handfest festgeschraubt ist.	Damit das Pad nicht verloren geht muss es mit der Fixierschraube fixiert werden.
		Ende der Teil-Lern-Schritte	
10.	Arbeitsplatz sauber und ordentlich verlassen	Die alten Pads werden entsorgt und das benutze Werkzeug wird an die vorgesehenen Stellen zurückgelegt.	Ordnung am Arbeitsplatz fördert das Betriebsklima und senkt das Unfallrisiko. Aufgeräumtes Werkzeug kann schneller gefunden werden.

Autor: Florian Metzel

12. Anhang

a) Bilder von Werkzeugen

Pad Ausklinkpinzette

Padbiegezange

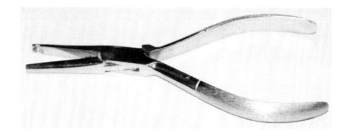

Schraubendreher

Pinzette

b) Bilder von Brillen mit Klick- oder Schraubsystemen

Klicksystem

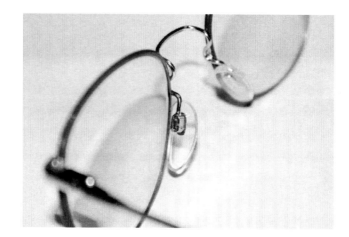

Schraubsystem

c) Bilder von Klickpads oder Schraubpads

Klickpads
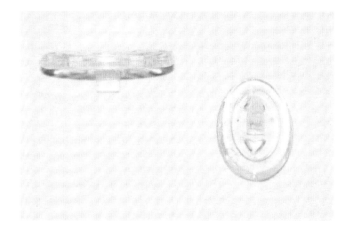

Schraubpads
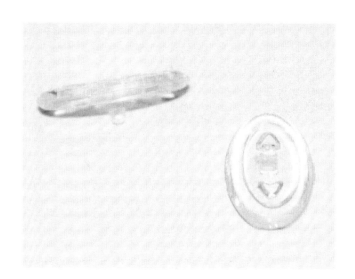

BEI GRIN MACHT SICH IHR WISSEN BEZAHLT

- Wir veröffentlichen Ihre Hausarbeit, Bachelor- und Masterarbeit

- Ihr eigenes eBook und Buch - weltweit in allen wichtigen Shops

- Verdienen Sie an jedem Verkauf

Jetzt bei www.GRIN.com hochladen und kostenlos publizieren